PRINCESAS

Libro para colorear

Este libro pertenece a:

leah A

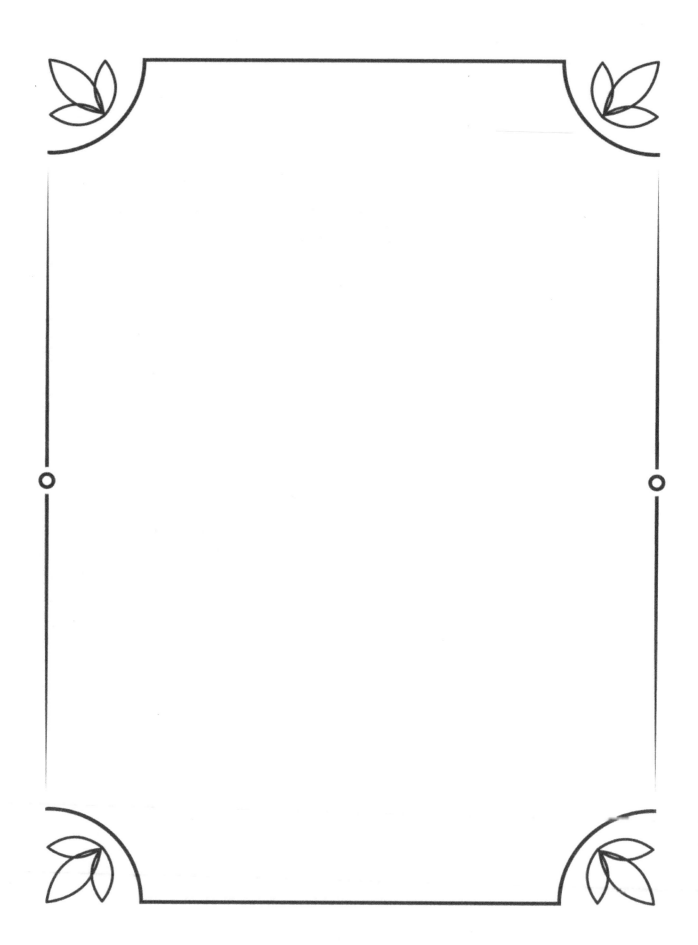

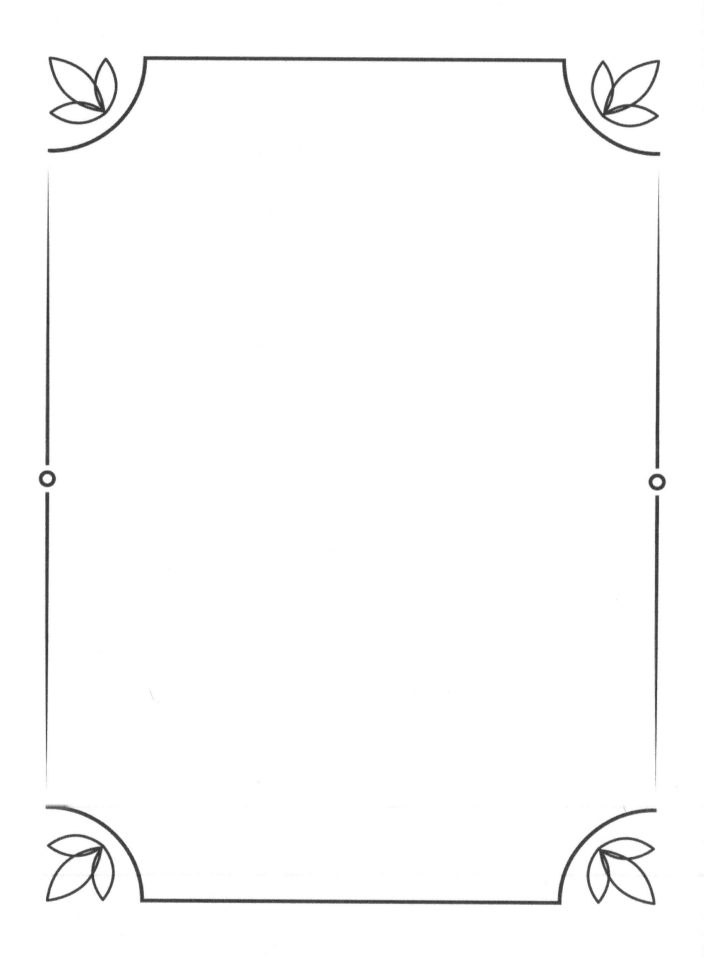

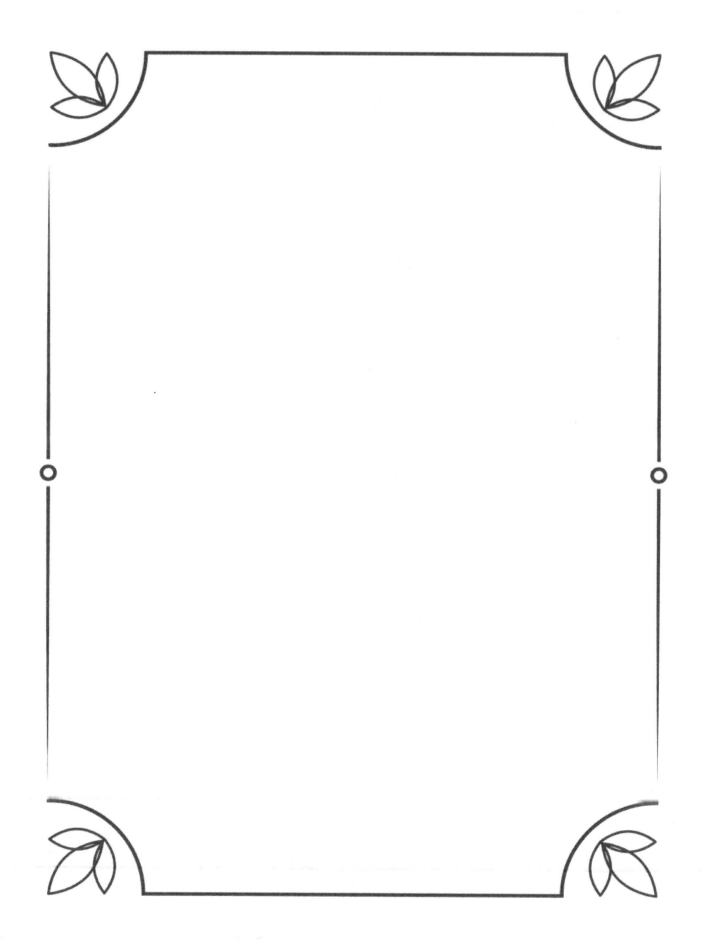

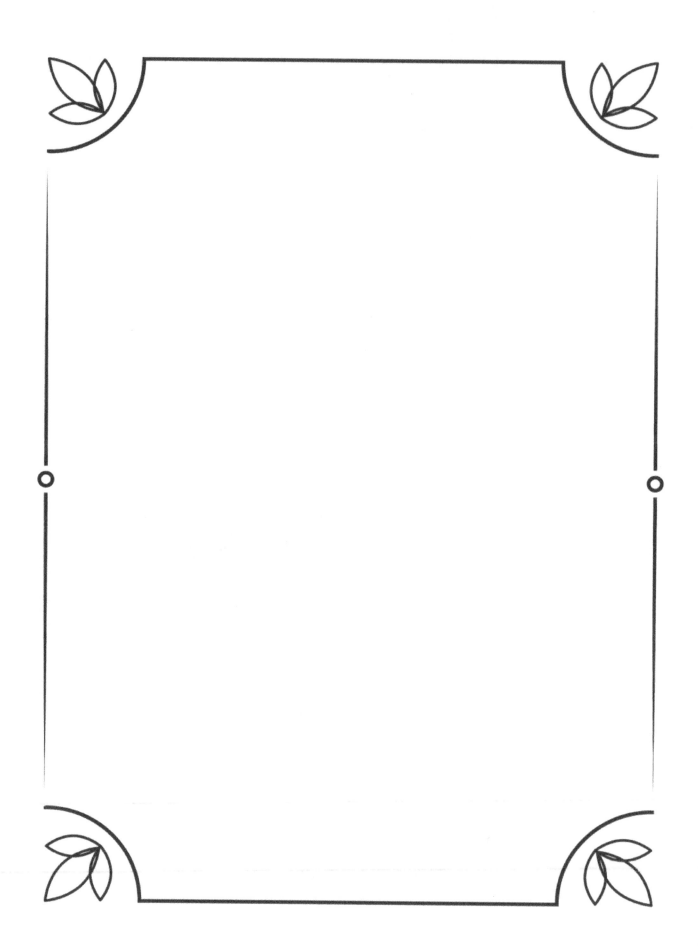

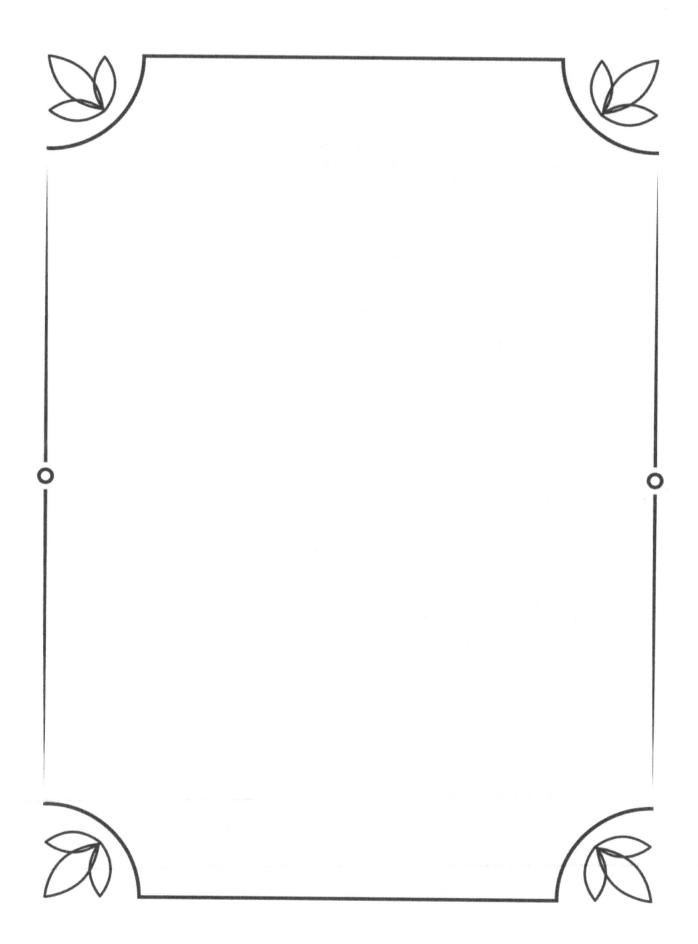

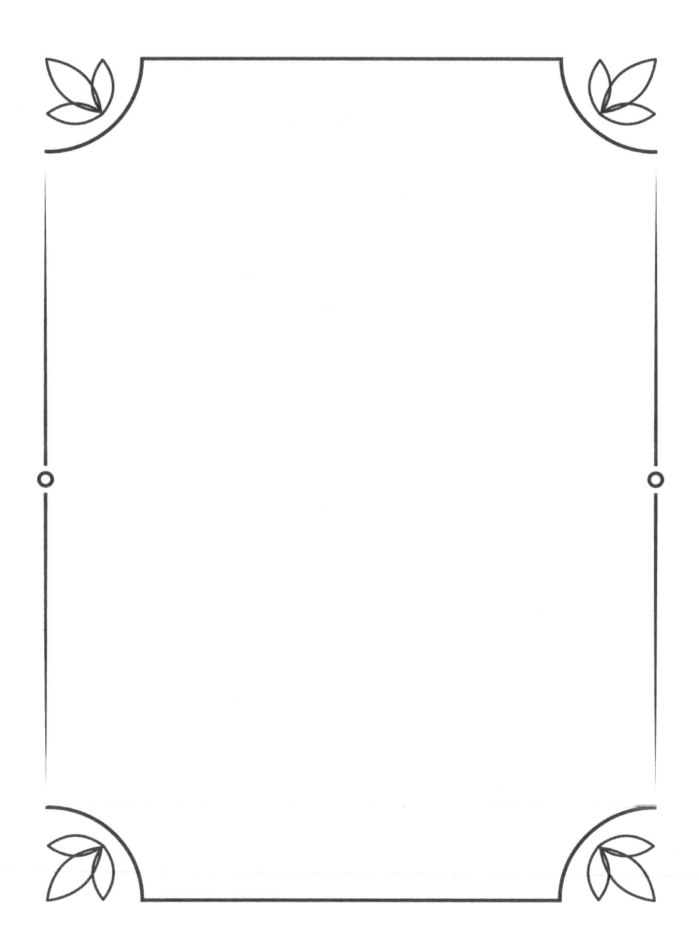

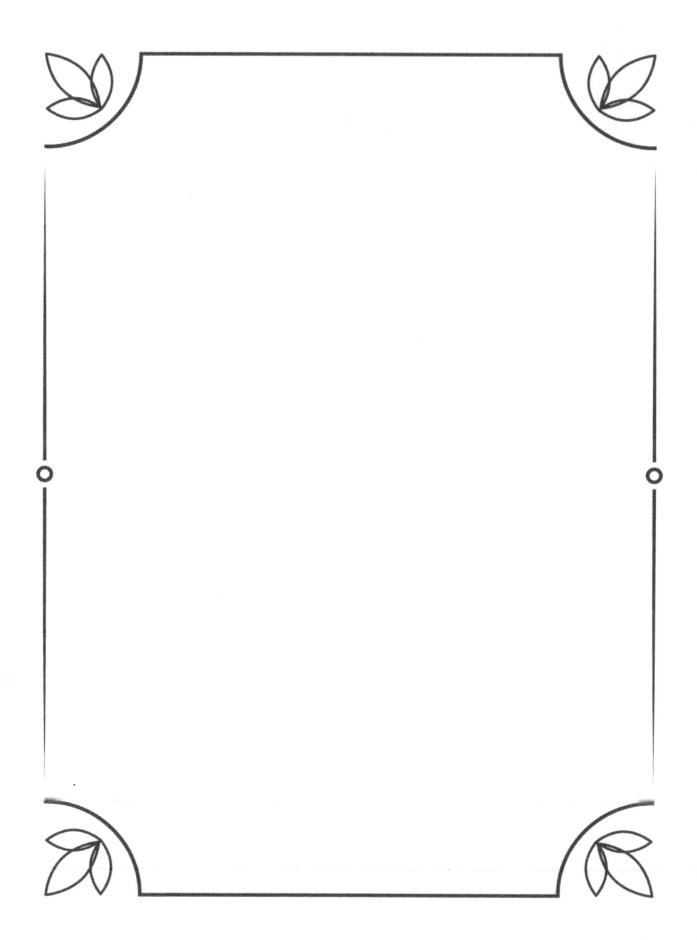

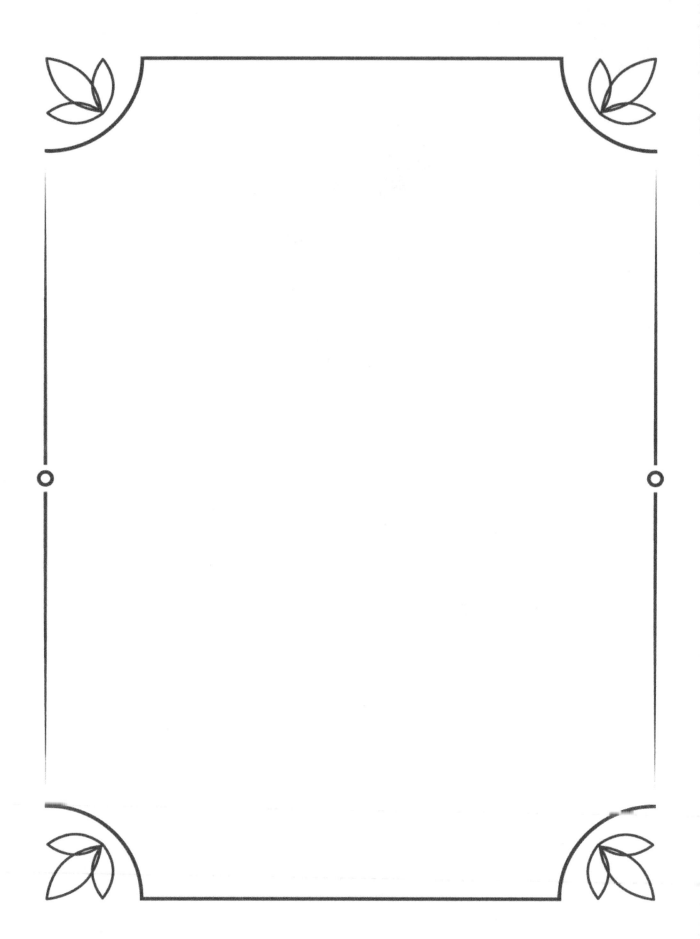

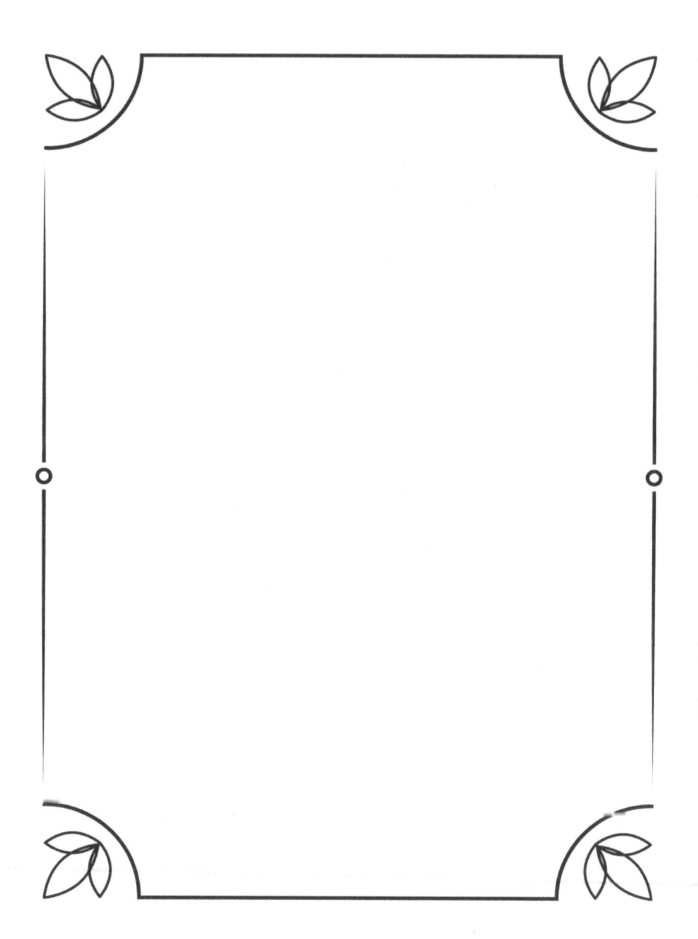

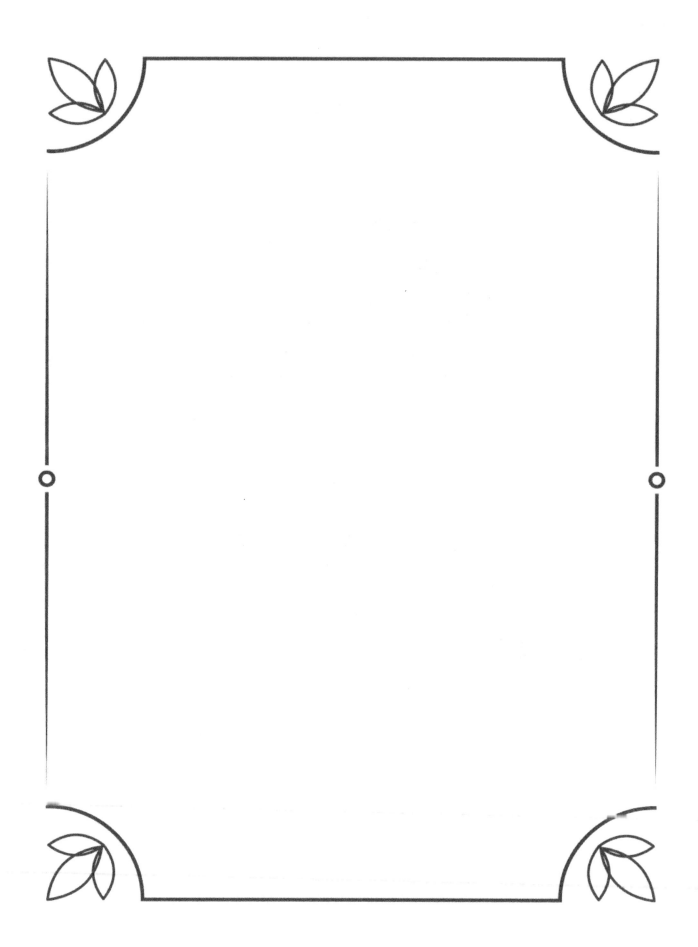

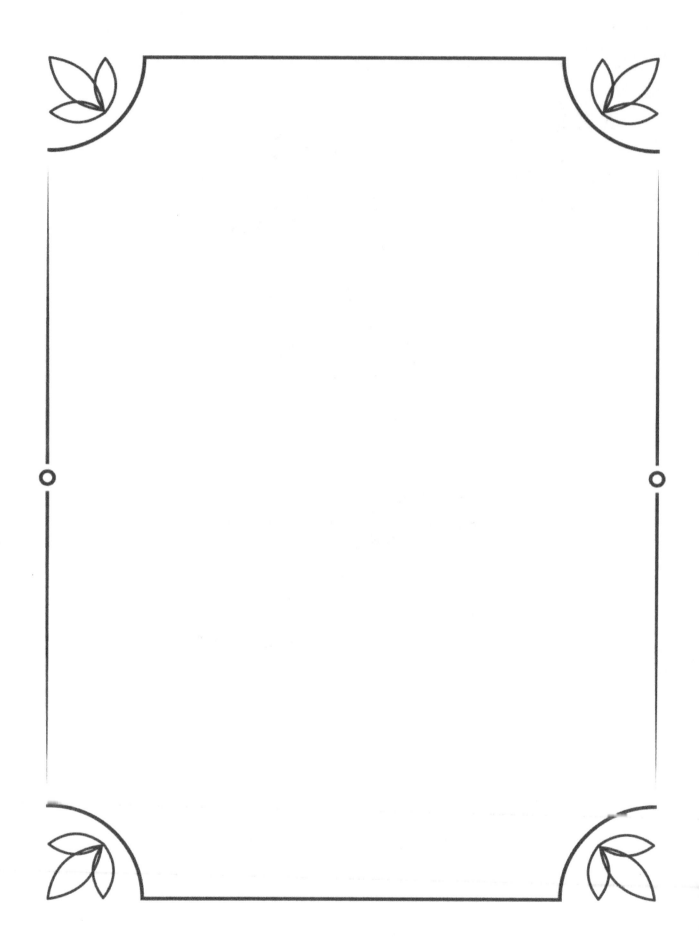

Gracias!

Esperamos que haya disfrutado de nuestro libro.

Como pequeña empresa familiar, sus comentarios son muy importantes para nosotros.

Por favor, háganos saber si le gusta nuestro libro en:

BestPublishingBook@gmail.com

CPSIA information can be obtained
at www.ICGtesting.com
Printed in the USA
BVHW010604250521
608001BV00001B/80